영재들의 영어 일기

KB191394

영재들의 영어 일기

인 쇄 | 2010. 7. 20
발 행 | 2010. 7. 25
펴낸이 | 이은숙
펴낸곳 | 황금두뇌
등 록 | 1999. 12. 3 제9-00063호
주 소 | 서울 강북구 수유동 461-12
전 화 | 02)987-4572
팩 스 | 02)987-4573

ISBN 978-89-93162-10-3 (63740)

정가는 표지에 있습니다.

초 등 학 생 을 위 한 영 어 도 우 미

영재들의
영어일기

강여산 지음

머리말

영어가 어렵다고요?

영어를 공부하는 것은 우리말을 공부하는 것과 다르지 않습니다.

우리가 아기였을 때도 그렇고 지금도 그런 것처럼 문법을 먼저 알고 말을 하는 것이 아니듯, 영어권 사람들도 먼저 말을 하게 되고 나중에 문법을 공부합니다.

동사, 관계대명사를 몰라도 영어를 사용할 수 있습니다. 유명한 교육학자 마리아 몬테소리는 어린이가 적어도 2천여 개의 단어를 알고 있어야만 말을 자유롭게 할 수 있다고 했습니다. 초등학생이라고 적은 숫자의 단어만 익힌다면 정말 제대로 된 말을 할 수 있을까요? 2천여 개의 단어란 그리 많은 수는 아닙니다. 연습장에 단어를 쓰면서 외우지 않더라도 생활 속에서 많이 듣고 말하는 것을 영어로 보게하고 그것을 자연스럽게 익히면 됩니다.

이렇게 자연스럽게 영어를 말할 수 있게 되면, 중학교에 가서 문법을 공부할 때에도 이미 말하는 것에 익숙해져 있으므로 영어를 한결 쉽게 배울 수 있게 됩니다.

이 책에서는 어린이들이 영어를 자연스럽게 익힐 수 있도록 여러 과정이 진행됩니다. 참고서식의 문법 나열보다는 색칠공부, 사다리 타기 등을 놀이하듯 즐기면서 영어를 몸에 배게하고 또 영어 일기를 쓸 수 있도록 하였습니다.

초등학교 때 발음을 제대로 배워 두는 것이 중요합니다. 평생 영향을 미칠 테니까요. 초등학교 때부터 영어를 생활처럼, 좋아하는 음식처럼 항상 즐겨찾는 습관을 들이도록 하세요.

영어는 결코 어려운 것이 아닙니다.

영어는 친구의 속삭임과 같습니다.

저자 강 여 산

일러두기

교육 선진국 독일에서 창시된 발도르프 교육에서는 어린이들이 감각으로 언어를 받아들일 수 있게 합니다.

아래의 예를 살펴봅시다.

WE ARE YOU AND I.
I AND YOU ARE WE.

I와 YOU는 항상 오렌지색, WE는 청색, ARE는 빨강이고 AND 는 보라색이다. 아이들의 감각으로 이렇게 하면 정확하게 받아들일 수 있다. 대명사라든가 복수라든가 따위의 설명을 달지 않고 I와 YOU가 똑같은 부류의 단어로, 이것이 합쳐지면 WE가 된다. AND라든가 ARE는 각각 다른 종류를 연결하는 단어이다. 게다가 이 어순을 변경, ARE를 중심으로 해서 그 전후를 바꿔 넣을 수도 있고, AND의 전후를 바꿔 넣을 수도 있다.

이 책에서는 이러한 교육학 이론을 적용하여 부분적으로 단어의 색 구분을 하였습니다 .우리나라 말에서 주어와 서술어에 해당하는 단어의 색을 각기 다르게 넣었습니다. 어린이들이 동사니 대명사니 하는 것을 굳이 구분하지 않아도 자연스럽게 익힐 수 있도록 하였습니다.

We played hide-and-seek.
우리는 숨바꼭질을 하고 놀았다.

중학교에 들어가면 주어, 동사, 목적어 등을 구분하는 문장의 형식을 배우게 되는데, 이 책은 그 과정을 배우기 위한 준비단계라고 볼 수 있습니다.

차례 ────────────────────

1. Sunny day 맑은 날   16
   날씨와 play(놀다)

2. Parents' Day 어버이날   24
   날짜

3. My birthday 나의 생일   32
   give(주다)와 get(받다)

4. My anut's farm 고모네 농장   40
   동물들의 영어 이름과 수를 세는 표현

5. My hobby 나의 취미   48
   취미와 can(할 수 있다)

6. My tooth 나의 이   56
   치과 가기와 우리 몸의 영어 이름

7. I like apples. 사과를 좋아해요.   64
   like(좋아하다)와 음식 맛 표현

8. A snowman 눈사람   72
   겨울 날씨와 put on(입다), take off(벗다)

9. A blue sweater 파란색 스웨터   80
    색

10. My cousins 나의 사촌들   88
    나이, 학년과 친척의 명칭

11. I was late for school. 학교에 지각했다.   96
    시간을 말하는 표현

12. I am sorry. 미안해.   104
    외모와 감정에 대한 표현

13. I'm sick. 아프다.   112
    Let's(~하자)와 be going to(~할 것이다)

14. Don't do that. 그러지 마라.   120
    Don't(~하지 마라)

    ● 모범 답안   128

    ● 혼자 쓰는 영어 일기   135

    ● 한영 사전   143

1. Sunny day

Date Thursday, April 1
Weather sunny

It was sunny today.
I met Su-jin, Yu-ri and Sin-ji in the playground.
We played hide-and-seek.
We had a swing, too.

잘 듣고 위의 일기를 따라 읽어 보세요.

맑은 날

날짜 4월 1일 목요일
날씨 맑음

오늘은 날씨가 맑았다.
놀이터에서 나는 수진, 유리, 그리고 신지를 만났다.
우리는 숨바꼭질을 하고 놀았다.
그네도 탔다.

It was ~이었다　　　　　　　**sunny** 맑은
today 오늘　　　　　　　　　**met** (meet 만나다의 과거형) 만났다
and 그리고　　　　　　　　　**in the playground** 놀이터에서
we 우리　　　　　　　　　　　**played** (play 놀다의 과거형) 놀았다
hide-and-seek 숨바꼭질
had a swing (have a swing 그네를 타다의 과거형) 그네를 탔다
too ~도, 또

 ## 날씨를 말해 볼까요?

sunny

맑은

windy

바람이 부는

raining

비가 오는

snowing

눈이 오는

날씨를 말해 볼까요?

● 잘 듣고 들은 순서대로 그림에 번호를 적어 보세요.

is와 was는 각각 현재와 과거를 나타내는 말이에요.
지금 날씨가 맑다면 It is sunny이고 어제 또는 지금 이전에 날씨가 맑았다면
It was sunny 라고 합니다.

It is sunny.
날씨가 맑다.

It was sunny.
날씨가 맑았다.

It is cloudy.
날씨가 흐리다.

It was cloudy.
날씨가 흐렸다.

It is snowing.
눈이 온다.

It was snowing.
눈이 왔다.

It is raining.
비가 온다.

It was raining.
비가 왔다.

It is windy.
바람이 분다.

It was windy.
바람이 불었다.

오늘은 무엇을 하고 놀았나요?

● 다음 문장들을 알맞은 그림과 연결하세요.

I played hide-and-seek.

나는 숨바꼭질을 하고 놀았다.

I played computer games.

나는 컴퓨터 게임을 하고 놀았다.

I played with my dolls.

나는 인형 놀이를 했다.

I played with a ball.

나는 공 놀이를 했다.

What did you play today?

우리 함께 영어 일기를 써 볼까요?

● 빈 칸에 들어갈 낱말을 골라 넣으세요.

비가 왔다.
나는 밖에 나가지 않았다.
여동생과 컴퓨터 게임을 하고 놀았다.
TV도 보았다.

It was _____ .
I didn't go outside.
I played _____ with my sister.
I watched TV, _____ .

too
computer games
raining

I 나
didn't ~하지 않았다   watched (watch 보다의 과거형) 보았다
TV (television 텔레비전의 줄임말) 티브이, 텔레비전

_____ 의 영어 일기

Date ....
Weather ....

2. Parents' Day

Date Tuesday, May 7
Weather rainy

It is **May 7** today.
Tomorrow is **Parents' Day**.
My brother **bought** carnations.
I **bought** presents for mom and dad.

잘 듣고 위의 일기를 따라 읽어 보세요.

어버이날

날짜 5월 7일 화요일
날씨 비

오늘은 5월 7일이다.
내일은 어버이날이다.
내 남동생은 카네이션을 샀다.
나는 엄마와 아빠를 위해 선물을 샀다.

May 5월   **tomorrow** 내일
Parents' Day 어버이날   **bought** (buy 사다의 과거형) 샀다
presents 선물들   **for** ~를 위해
mom 엄마   **dad** 아빠

 어제, 오늘, 내일

yesterday   today

tomorrow

달에 대해 알아볼까요?

● 우리는 1월, 2월, 3월,… 이렇게 숫자로 쓰지만, 영어에서는 달마다 이름
이 있답니다.

1월 January
2월 February

3월 March
4월 April

5월 May
6월 June

7월 July
8월 August

9월 September
10월 October

11월 November
12월 December

● 빈 칸에 알맞은 낱말을 넣고 미로를 따라 알맞은 그림을 찾아가세요.

3월 1일   5월 5일   10월 1일   12월 25일

_____ 1   _____ 5   _____ 1   _____ 25

요일도 알아볼까요?

● 요일을 영어로 읽어 보고 알맞은 약자와 선으로 연결해 보세요.

화요일
Tuesday●

수요일
Wednesday
●

목요일
Thursday
●

월요일
Monday●

Tue.

Thu.

Fri.

금요일
Friday

Mon.

Sun.

Wed.

일요일
Sunday●

Sat.

토요일
Saturday

영어로 날짜를 쓰는 순서는 우리말과 다릅니다.
2005년 1월 1일 토요일을 영어로는 Saturday, January 1, 2005라고 씁니다.
요일, 월, 일, 연도 이런 식으로 날짜를 써요. Saturday, 1 January 2005 요일, 일, 월, 연도
이런 식으로도 쓰지요. January 1은 January 1st라고도 써요. 한글로 말한다면 1월 첫째
날이에요. January first라고 읽지요. "첫째 날, 둘째 날" 이렇게 말예요.
5월 5일은 May 5나 May 5th로 쓰고 May fifth라고 읽어요.

● 달력에 표시된 날을 보고 빈 칸에 알맞은 낱말을 적어 보세요.

5월 5일 일요일

_____, May _____

5월 15일 수요일

_____, _____ 15

May

Sun.	Mon.	Tue.	Wed.	Thu.	Fri.	Sat.
				1	2	3	4
⑤	6	7	8	9	10	11
12	13	14	⑮	16	17	18
19	20	21	22	23	24	25
26	27	28	29	30	31	

8월 15일 목요일

Thursday, _____ 15

8월 24일 토요일

_____, _____ 24

August

Sun.	Mon.	Tue.	Wed.	Thu.	Fri.	Sat.
					1	2	3
4	5	6	7	8	9	10
11	12	13	14	⑮	16	17
18	19	20	21	22	23	㉔
25	26	27	28	29	30	31

우리 함께 영어 일기를 써 볼까요?

● 빈 칸에 들어갈 낱말을 골라 넣으세요.

어제는 어린이날이었다.
아빠가 나에게 킥보드를 주셨다.
오늘, 나는 새 킥보드를 탔다.
참 재미있었다.

_____ was Children's Day.
Dad gave me a kickboard.
_____ , ____ rode my new kickboard.
_____ was very fun.

It
Yesterday
Today   I

Children's Day 어린이날	**gave** (give 주다의 과거형) 주었다
me 나에게	**rode** (ride 타다의 과거형) 탔다
very 아주	**fun** 재미있는

_____ 의 영어 일기

Date ....
Weather ....

3. My birthday

Date Monday, June 10
Weather cloudy

Today is my birthday.
My friends came to my house.
I got many presents from my friends.
I got nine birthday cards, too.
It was a great day!

잘 듣고 위의 일기를 따라 읽어 보세요.

나의 생일

날짜 6월 10일 월요일
날씨 흐림

오늘은 내 생일이다.

친구들이 우리 집에 왔다.

나는 친구들로부터 많은 선물들을 받았다.

생일 카드도 아홉 장을 받았다.

멋진 날이었다.

birthday 생일	**friend**s 친구들
came (come 오다의 과거형) 왔다	**house** 집
got (get **받다**의 과거형) 받았다	**many** 많은
from ~로부터	**nine** 9, 아홉
birthday cards 생일 카드들	**great** 멋진, 굉장한

 ## "주었다, 받았다"는 어떻게 말해요?

got **받았다**는 get **받다**의 과거형이에요.

이미 어떤 물건을 받아서 내 것이 되었다면 got **받았다**라고 해야겠죠?

I got a present.
나는 선물을 받았다.

I gave her a present.
나는 그녀에게 선물을 주었다.

gave **주었다**는 give **주다**의 과거형이에요.

이미 어떤 물건을 누구에게 주었다면 gave **주었다**라고 하세요.

생일에는 선물을 주고받죠?

● 잘 듣고 따라 읽고 써 보세요.

I got an invitation.
나는 초대장을 받았다.
➡ I got an invitation.

I got a toy from mom.
나는 엄마로부터 장난감을 받았다.
➡ I got a toy from mom.

I got flowers.
나는 꽃을 받았다.
➡ I got flowers.

I gave him a birthday card.

나는 그에게 생일 카드를 주었다.

➡ I gave him a birthday card.

I gave her two books.

나는 그녀에게 책 두 권을 주었다.

➡ I gave her two books.

I gave her a doll.

나는 그녀에게 인형을 주었다.

➡ I gave her a doll.

무슨 선물을 했나요?

● 그림을 보고 흐린 글자 위에 따라 써 보세요.

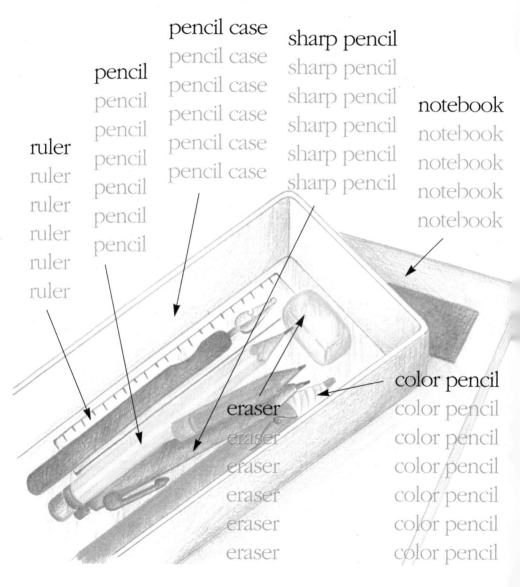

pencil case
pencil case
pencil case
pencil case
pencil case
pencil case
pencil case

sharp pencil
sharp pencil
sharp pencil
sharp pencil
sharp pencil
sharp pencil
sharp pencil

pencil
pencil
pencil
pencil
pencil
pencil
pencil
pencil

notebook
notebook
notebook
notebook
notebook

ruler
ruler
ruler
ruler
ruler
ruler

color pencil
color pencil
color pencil
color pencil
color pencil
color pencil
color pencil

eraser
eraser
eraser
eraser
eraser
eraser

bag	doll	robot
bag	doll	robot
bag	doll	robot
bag	doll	robot
bag	doll	robot
bag	doll	robot

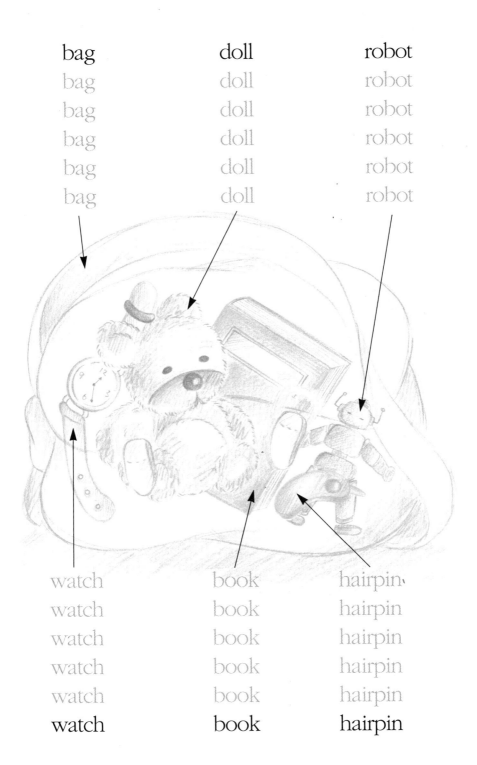

watch	book	hairpin
watch	book	hairpin
watch	book	hairpin
watch	book	hairpin
watch	book	hairpin
watch	book	hairpin

우리 함께 영어 일기를 써 볼까요?

● 빈 칸에 들어갈 낱말을 골라 넣으세요.

오늘은 수진이의 생일이다.
나는 그녀에게
연필 일곱 자루와 공책 두 권을 주었다.
생일 카드도 주었다.
수진이는 나의 가장 친한 친구다.

Today is Su-jin's _____ .
I gave her seven penciles and two _____ .
I _____ her a birthday card, too.
Su-jin is my best friend.

gave
notebooks
birthday

best friend 가장 친한 친구

_____ 의 영어 일기

Date ....
Weather ....

4. My aunt's farm

Date Friday, July 26
Weather sunny

It's the summer vacation.
Our family went to my aunt's farm.
There were six rabbits, seven dogs, nine deers
and many pigs in the farm.
Dogs and deers are too big.
I played with little pigs.

 잘 듣고 위의 일기를 따라 읽어 보세요.

고모네 농장

날짜 7월 26일 금요일
날짜 7월 26일 금요일
날씨 맑음

여름 방학이다.

우리 가족은 고모네 농장에 갔다.

농장에는 토끼 6마리, 개 7마리, 사슴 9마리와 많은 돼지들이 있었다.

개들과 사슴들은 무척 크다.

나는 새끼 돼지들과 놀았다.

---

summer vacation 여름 방학
farm 농장
There were ~이 있었다.
dogs 개들
pigs 돼지들
big 큰

family 가족
aunt 고모, 이모, 아주머니
rabbits 토끼들
deers 사슴들
too 너무, 무척
little 어린, 작은

 ## "There were"는 어떻게 써요?

There were는 ~이 있었다는 말이에요.

교실에 의자 열 개가 있었다.

There were ten chairs in the classroom.

동물들 animals

● 잘 듣고 따라 읽고 써 보세요.

cat 고양이

giraffe 기린

lion 사자

elephant 코끼리

dog 개

rabbit 토끼

monkey 원숭이

bear 곰

squirrel 다람쥐

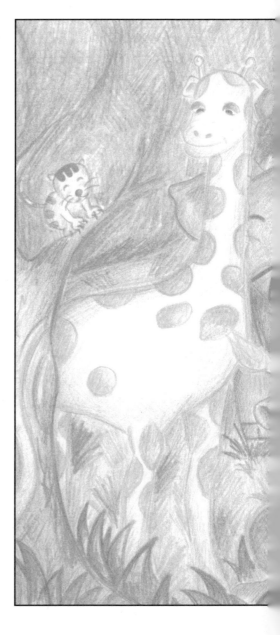

● 그림 속 숨은 알파벳을 찾아 단어로 맞추어 보세요.

있다. There are

● 그림을 보고 빈 칸에 알맞은 숫자를 영어로 써 넣으세요.

There are ——— cats in the box.
상자 안에 고양이 두 마리가 있다.

There is a dog on the sofa.
소파 위에 개 한 마리가 있다.

지금 무엇이 있다고 이야기할 때 There에 is나 are를 쓰죠.
하나 있을 때는 is, 여러 개 있을 때는 are를 쓴답니다.
전에 무엇이 있었다고 이야기할 때는 was나 were를 써요.
하나가 있었을 때는 was, 여러 개 있었을 때는 were를 쓴답니다.

There was an elephant in the zoo.

동물원에 코끼리 한 마리가 있었다.

There were ____ monkeys on the tree.

나무 위에 원숭이 세 마리가 있었다.

우리 함께 영어 일기를 써 볼까요?

● 빈 칸에 들어갈 낱말을 골라 넣으세요.

우리 가족은 동물원에 갔다.
동물원에는 원숭이 다섯 마리와 코끼리 두 마리가 있었다.
코끼리들은 아주 크다.
나는 어린 원숭이를 보았다.
원숭이는 귀엽다.

Our family went to the _____ .
There were five monkeys and two elephants
in the zoo.
_____ are too big.
I saw the _____ monkey.
_____ is cute.

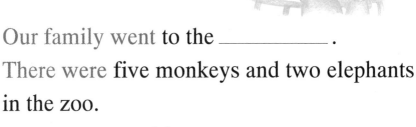

little   It
zoo   Elephants

zoo 동물원	our 우리의
saw (see 보다의 과거형) 보았다	cute 귀여운

_____ 의 영어 일기

Date ....
Weather ....

5. My hobby

Date Monday, August 5
Weather rainy

My hobby is swimming.

Su-jin and I went swimming.

I can swim.

But she can't swim.

I taught her how to swim.

Swimming is very fun.

잘 듣고 위의 일기를 따라 읽어 보세요.

나의 취미

날짜 8월 5일 월요일
날씨 비

내 취미는 수영이다.
수진이와 나는 수영하러 갔다.
나는 수영을 할 수 있다.
그러나 그녀는 수영을 못한다.
나는 그녀에게 수영하는 법을 가르쳐 주었다.
수영은 매우 재미있다.

hobby 취미	**swimming** 수영
went swimming (go swimming **수영하러 가다**의 과거형) 수영하러 갔다	
can 할 수 있다	**can't** 할 수 없다
taught (teach **가르치다**의 과거형) 가르쳤다	**her** 그녀에게
how to swim 수영하는 법	**very** 아주
fun 재미있는	

 나의 취미는요……

My hobby is swimming.

swimming 수영하기

My hobby is skiing.

skiing 스키 타기

My hobby is skating.

skating 스케이트 타기

취미가 뭐예요? What is your hobby?

● 나의 취미를 영어로 어떻게 말하는지 알아보세요.

reading a book
독서

listening to music
음악 감상

watching TV
텔레비전 보기

singing a song
노래 부르기

rollerblading
롤러블레이드 타기

"나는 롤러블레이드 타기를
좋아해요."는 I like rollerblading. 이에요.
사실 롤러블레이드는 상표 이름이랍니다.
보통 롤러블레이드라고 많이 말하지만
정확한 표현은 in-line skate예요.
"내 취미는 인라인 스케이트 타기예요."
My hobby is in-line skating.

● 취미가 뭐예요? 자신의 취미가 무엇인지 써 보세요.

My hobby is ＿＿＿＿＿＿＿ .

무엇을 할 수 있나요? What can you do?

● 잘 듣고 따라 읽고 써 보세요.

I can speak English.

나는 영어로 말할 수 있어요.

_____

> The building is over there.

I can swim.

나는 수영을 할 수 있어요.

➡
_____

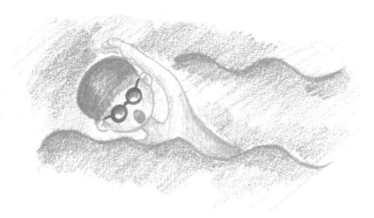

I can skate.

나는 스케이트를 탈 수 있어요.

 _____

I can play badminton.

나는 배드민턴을 칠 수 있어요.

 _____

I can play the piano.

나는 피아노를 연주할 수 있어요.

➡ _____

우리 함께 영어 일기를 써 볼까요?

● 빈 칸에 들어갈 낱말을 골라 넣으세요.

나는 축구를 했다.
우리 팀이 3 대 2로 이겼다.
나는 공격수이다.
나는 빨리 달릴 수 있다.
나는 축구 선수가 되고 싶다.

I _____ soccer.
Our team won 3-2.
I am a striker.
I _____ run fast.
I want to be a soccer _____ .

played   player
can

won (win 이기다의 과거형) 이겼다	**striker** 공격수
run 달리다	**fast** 빨리
want 원하다, 하고 싶다	**soccer player** 축구 선수

_____ 의 영어 일기

Date ....
Weather ....

6. My tooth

Date Saturday, September 14
Weather sunny

I went to a dental clinic.

I sat down on the chair and opened my mouth.

The doctor took my tooth out.

I rinsed my mouth.

My mouth hurts so much, now!

잘 듣고 위의 일기를 따라 읽어 보세요.

나의 이

날짜 9월 14일 토요일
날씨 맑음

치과에 갔다.
나는 의자에 앉아 입을 벌렸다.
의사가 내 이를 뽑았다.
나는 입을 헹구어 냈다.
내 입은 지금도 너무 아프다!

dental clinic 치과	**sat down** (sit down 앉다의 과거형) 앉았다
chair 의자	**opened** (open 열다의 과거형) 열었다
my 나의	**mouth** 입
doctor 의사	**tooth** 치아, 이
took ~ out (take ~ out ~을 뽑다, 끄집어내다의 과거형) ~을 뽑았다	
rinsed (rinse 헹구어 내다의 과거형) 헹구어 냈다	
so 너무	**hurt** 아프다

 ### "아프다"는 어떻게 말해요?

hurt는 **아프다**라는 뜻이죠. hurt 앞에 아픈 **몸의 부위**를 쓰면 그 부위가 아프다는 말이 됩니다.

손이 아프다.
My hand hurts.

손가락이 아프다.
My finger hurts.

발목이 아프다.
My ankle hurts.

이가 흔들려요! This tooth is loose!

● 잘 듣고 순서에 맞게 번호를 적어 보세요.

1
Mom,
this tooth is loose.

엄마, 이가 흔들려요.

2
Mom, I'm okay.
I hate the dental clinic.

엄마, 난 괜찮아요. 난 치과 가기 싫어요.

3
Let's go to the dental clinic, now.

당장 치과에 가자.

4
Let me see.

어디 보자.

_____ ➡ _____ ➡ _____ ➡ _____

● 잘 듣고 순서에 맞게 번호를 적어 보세요.

앉아서 입을 벌리세요.

너무 아파요.

아~

아야!

_____ ➡ _____ ➡ _____ ➡ _____

우리 몸!

● 잘 듣고 우리 몸의 여러 부분의 이름을 영어로 읽어 보세요.

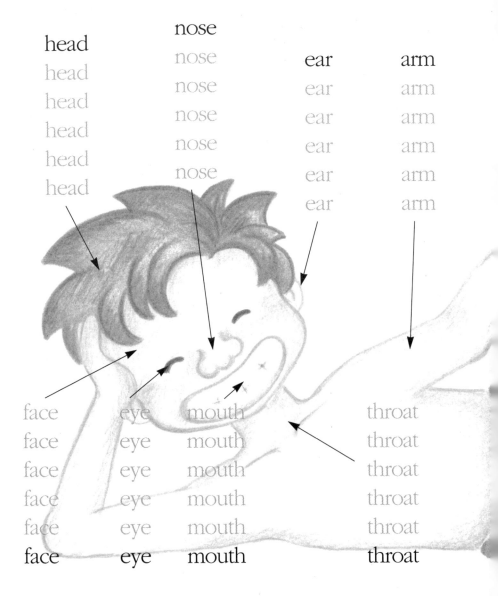

head
head
head
head
head
head

nose
nose
nose
nose
nose
nose

ear
ear
ear
ear
ear
ear

arm
arm
arm
arm
arm
arm

face
face
face
face
face
face

eye
eye
eye
eye
eye
eye

mouth
mouth
mouth
mouth
mouth
mouth

throat
throat
throat
throat
throat
throat

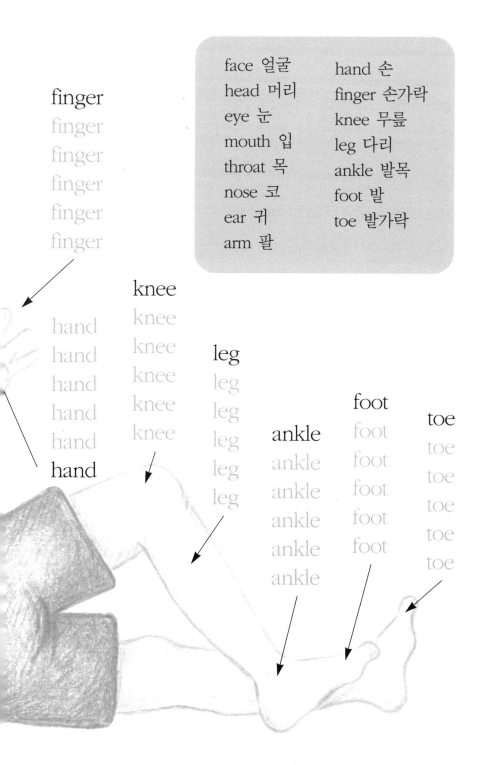

finger
finger
finger
finger
finger
finger

face 얼굴	hand 손
head 머리	finger 손가락
eye 눈	knee 무릎
mouth 입	leg 다리
throat 목	ankle 발목
nose 코	foot 발
ear 귀	toe 발가락
arm 팔	

knee
knee
knee
hand   knee   leg
hand   knee   leg
hand   knee   leg
hand   knee   leg
hand   knee   leg   foot
hand   foot
hand   ankle   foot   toe
                    ankle   foot   toe
                    ankle   foot   toe
                    ankle   foot   toe
                    ankle   foot   toe
                    ankle   toe

우리 함께 영어 일기를 써 볼까요?

● 빈 칸에 들어갈 낱말을 골라 넣으세요.

나는 오늘 목욕을 했다.
먼저 세수를 했다.
그 다음으로 머리와 몸을 씻었다.
마지막으로 양치질을 했다.

I _____ a bath today.
First I _____ my face.
Second I washed my hair and _____.
Last I brushed my _____.

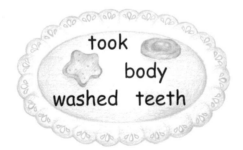

took
body
washed   teeth

---

took a bath (take a bath **목욕을 하다**의 과거형) 목욕을 했다
washed (wash **씻다**의 과거형) 씻었다
brushed my teeth (brush my teeth **양치질하다**의 과거형) 양치질을 했다
first 처음에, 먼저, 첫 번째로　　　　　　　**second** 다음으로, 두 번째로
last 마지막으로

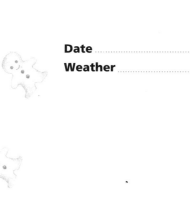 의 영어 일기

Date ....
Weather ....

7. I like apples.

Date Tuesday, October 15
Weather windy

After school, I went to Su-jin's house.

We did our homework together.

Su-jin's mom asked me.

"Do you like apples?"

I answered. "Yes, I do."

Su-jin's mom gave me apples.

Su-jin doesn't like apples.

🎧 잘 듣고 위의 일기를 따라 읽어 보세요.

사과를 좋아해요.

날짜 10월 15일 화요일
날씨 바람 붐

방과후에, 나는 수진이네 집에 갔다.

우리는 함께 숙제를 했다.

수진이네 엄마가 나에게 물으셨다.

"너는 사과를 좋아하니?"

나는 대답했다. "네, 좋아해요."

수진이네 엄마가 나에게 사과를 주셨다.

수진이는 사과를 좋아하지 않는다.

---

after school 방과후에　　　　　**went** (go 가다의 과거형) 갔다
did our homework 우리의 숙제를 했다
asked (ask 묻다의 과거형) 물었다
answered (answer 대답하다의 과거형) 대답했다
yes 예(반대말 no 아니오)　　　　**apple**s 사과들

 ## "숙제 다했어요"는 어떻게 말해요?

학교를 다녀오면 항상 숙제를 먼저 해 놓아야겠죠?

엄마가 "숙제 다했니?"라고 물으신다면

"나는 숙제를 다했어요."

"**I did my homework.**"라고 말하면 됩니다.

거의 다해 간다면?

엄마,
거의 다했어요!
Mom,
I'm almost done!

어떤 음식을 좋아하세요? Which do you like?

● 잘 듣고 따라 읽어 보세요.

Do you like cookies?
과자를 좋아하세요?

Yes, I do.
네, 좋아해요.

Do you like red peppers?
빨간 고추를 좋아하세요?

No, I don't.
아니오, 좋아하지 않아요.

It is sweet!

5. cookies

4. chocolate

It is hot!

1. red peppers   2. carrots   3. apples   6. grapes

66 |

I like fried chicken.
나는 닭튀김을 좋아해요.

I don't like onions.
나는 양파를 좋아하지 않아요.

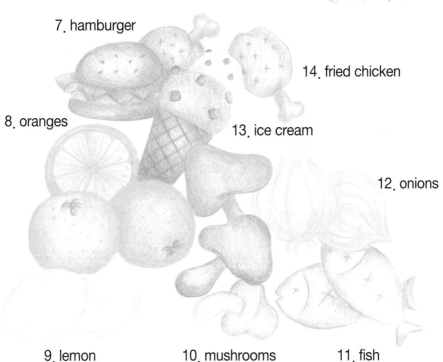

7. hamburger

14. fried chicken

8. oranges

13. ice cream

12. onions

9. lemon   10. mushrooms   11. fish

맛이 어때요?

● 맛을 나타내는 표현을 알아보세요.

Chocolate is sweet.
초콜릿은 달다.

A red pepper is hot.
빨간 고추는 맵다.

A lemon is sour.
레몬은 시다.

Pizza is delicious.
피자는 맛있다.

Salt is salty.
소금은 짜다.

Medicine is bitter.
약은 쓰다.

● 빈 칸에 알맞은 단어를 넣으세요.

Candy is ● ● ● ● ● .
사탕

Kimchi is ● ● ● .
김치

Orange juice is ● ● ● ● .
오렌지 주스

Sea water is ● ● ● ● ● .
바닷물

우리 함께 영어 일기를 써 볼까요?

● 빈 칸에 들어갈 낱말을 골라 넣으세요.

할머니 댁에 갔다.
할머니는 나에게 과자, 초콜릿,
그리고 아이스크림을 주셨다.
할머니는 나에게 물었다.
"피자 좋아하니?"
나는 대답했다. "네."
할머니는 나를 위해 피자를 요리해 주셨다.
피자는 맛있었다!

I went **to grandmother's house.**

Grandmother gave **me** _____, **chocolates
and ice cream.**

She asked **me.** "Do you _____ pizza?"

I answered. **"Yes, I do."**

She cooked **pizza for me.**

It was _____!

like
delicious
cookies

> delicious 맛있는
> cooked (cook 요리하다의 과거형) 요리했다

_____ 의 영어 일기

Date ....
Weather ....

8. A snowman

Date Saturday, November 30
Weather snowy

It was a snowy day.

I put on my gloves and went outside.

My friends and I made a snowman.

It's too big.

I like snow.

잘 듣고 위의 일기를 따라 읽어 보세요.

눈사람

눈이 많이 왔다.
나는 장갑을 끼고 밖으로 나갔다.
내 친구들과 나는 눈사람을 만들었다.
눈사람은 아주 크다.
나는 눈이 좋다.

---

snowy 눈이 많이 오는   **put on** 입다, 끼다, 신다
gloves 장갑   **snow** 눈
went outside (go outside 밖으로 나가다의 과거형) 밖으로 나갔다
made a snowman (make a snowman 눈사람을 만들다의 과거형)
눈사람을 만들었다

 입고 끼는 모든 것을 알려 주세요.

I put on my hat.
나는 모자를 썼다.

I put on a pair of glasses.
나는 안경을 꼈다.

I put on my coat.
나는 코트를 입었다.

I put on my gloves.
나는 장갑을 꼈다.

I put on my shoes.
나는 신발을 신었다.

날씨가 어때요? How is the weather?

● 겨울 날씨가 어떤지 잘 듣고 따라해 보세요.

It's cold.
날씨가 추워요.

I'm freezing to death.
너무 추워서 얼어 죽겠어요.

It's freezing.
얼음이 어는 날씨예요.

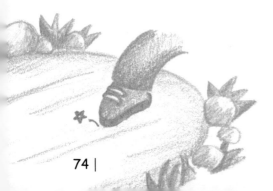

● 다음 날씨와 알맞은 계절에 연결해 보세요.

It's warm.
따뜻해요.

●   ●

Winter 겨울

It's hot.
더워요.

●   ●

Fall 가을

It's windy.
바람이 불어요.

●   ●

Summer 여름

It's cold.
추워요.

●   ●

Spring 봄

옷을 입고 벗자.

● 다음에서 말하는 것과 같은 그림을 찾아 번호를 적어 보세요.

1 Put on your sweater.
스웨터를 입어라.

2 Take off your socks.
양말을 벗어라.

76 |

● 사다리를 타고 내려가 친구들이 입거나 벗어야 하는 물건을 찾아
빈 칸에 적어 보세요.

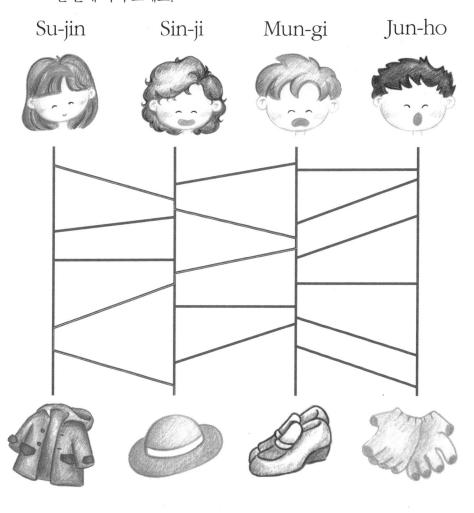

Su-jin   Sin-ji   Mun-gi   Jun-ho

Su-jin puts on her hat.

Sin-ji takes off her ____.

Mun-gi puts on his ____.

Jun-ho takes off his ____.

우리 함께 영어 일기를 써 볼까요?

● 빈 칸에 들어갈 낱말을 골라 넣으세요.

오늘은 일요일이다.
나는 9시에 일어났다. 눈이 왔다.
나는 모자를 썼다.
나는 놀이터에서 수진과 진아를 만났다.
우리는 눈싸움을 했다.
참 재미있었다.

Today is _____ .

I got up at 9 o'clock. It was snowing.

I put on my _____ .

I____ Su-jin, Jin-a in the playground.

We had a snowball fight.

It was very_____ .

fun
sunday   hat
met

hat 모자
got up (get up 일어나다의 과거형) 일어났다
had a snowball fight (have a snowball fight 눈싸움하다의 과거형)
눈싸움을 했다

78 |

_____ 의 영어 일기

Date ....
Weather ....

9. A blue sweater

Date Monday, December 23
Weather snowy

Mom bought two sweaters for us.

One is blue and the other is yellow.

My sweater is blue. I like it.

My sister's sweater is yellow.

She doesn't like yellow sweaters.

She wants a pink one.

잘 듣고 위의 일기를 따라 읽어 보세요.

파란색 스웨터

날짜 12월 23일 월요일
날씨 눈

엄마가 우리를 위해 스웨터 두 벌을 사셨다.
하나는 파란색이고 다른 하나는 노란색이다.
내 스웨터는 파란색이다. 나는 내 것이 좋다.
내 여동생의 스웨터는 노란색이다.
그녀는 노란색 스웨터를 좋아하지 않는다.
그녀는 분홍색을 갖고 싶어한다.

bought (buy 사다의 과거형) 샀다	**sweater** 스웨터
for us 우리를 위해	**one** 하나
the other (둘 중) 다른 하나	**want** 원하다
like 좋아하다	**doesn't like** 좋아하지 않다

 ## one과 the other

어떤 물건이 두 개 있을 때, 그 중 **하나**를 one, 나머지 **다른 하나**를 the other라고
합니다.

one   the other

색깔을 말해 봅시다.

● 그림의 색을 잘 듣고 따라 읽어 보세요.

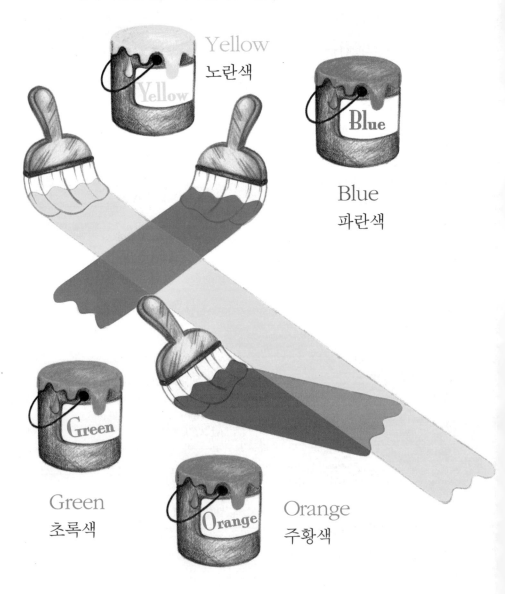

Yellow
노란색

Blue
파란색

Green
초록색

Orange
주황색

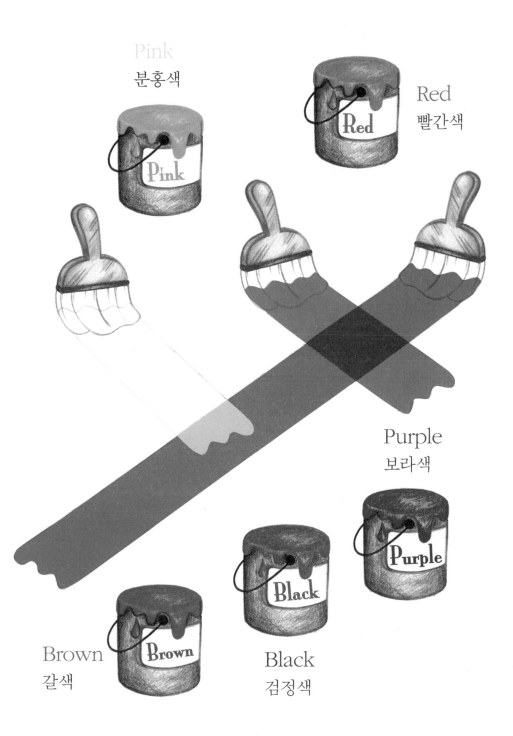

Pink
분홍색

Red
빨간색

Purple
보라색

Brown
갈색

Black
검정색

그림 속의 과일은 무슨 색인가요?

● 다음 과일이 무슨 색인지 영어 단어를 적어 넣으세요.

These bananas are
●●●●●●.

This apple is
●●●.

What color is this?

This melon is

These grapes are

This orange is

우리 함께 영어 일기를 써 볼까요?

● 빈 칸에 들어갈 낱말을 골라 넣으세요.

엄마가 장을 보셨다.
과일을 사오셨다.
노란색 바나나와 갈색 키위이다.
엄마는 키위를 좋아하신다.
키위는 시다.
나는 사과가 먹고 싶다.

My mom did the shopping.
She _____ some fruits.
They were _____ bananas and brown kiwis.
Mom likes kiwis.
Kiwis are sour.
I want to eat _____ .

apples
yellow
bought

---

want ~하고 싶다   **eat** 먹다
sour 신, 시큼한   **sweet** 단, 달콤한
did the shopping (do the shopping 장을 보다의 과거형) 장을 봤다,
쇼핑을 했다

_____ 의 영어 일기

Date ....
Weather ....

_____

_____

_____

_____

_____

_____

_____

10. My cousins

Date Sunday, January 19
Weather sunny

I went to an amusement park with my cousins.
We rode many playthings.
Mi-na is six years old, and
Jun-ho is ten years old.
Jun-ho is in the third grade. He is tall.

잘 듣고 위의 일기를 따라 읽어 보세요.

나의 사촌들

날짜 1월 19일 일요일
날씨 맑음

나는 사촌들과 함께 놀이 공원에 갔다.
우리는 놀이 기구를 많이 탔다.
미나는 여섯 살이고, 준호는 열 살이다.
준호는 3학년이다. 그는 키가 크다.

---

amusement park 놀이 공원
years old 살, 세
rode (ride 타다의 과거형) 탔다
grade 단계, 급, 학년

cousins 사촌들
playthings 놀이 기구들
third 세 번째

 "자전거를 탄다"고 어떻게 말해요?

ride는 **타다**라는 뜻이에요.
자전거나 킥보드, 자동차를 탔을 때 쓰는 말이죠.

I'm riding a bicycle.
나는 자전거를 타고 있어요.

몇 살이에요? How old are you?

● 잘 듣고 따라 읽어 보세요.

I'm ten years old. 나는 열 살이에요.
I'm ten years old.

● 자신이 몇 살인지 써 보세요.

I'm _____ _____ old.

몇 학년이에요? What grade are you in?

● 잘 듣고 따라 읽어 보세요.

I'm in the third grade. 나는 3학년이에요.
I'm in the third grade.

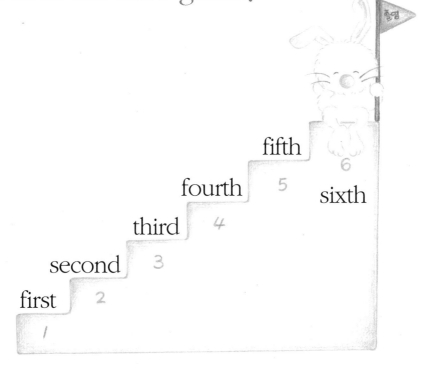

● 자신이 몇 학년인지 써 보세요.

I'm in the _____ _____.

친척들 Relatives

● 잘 듣고 따라 읽어 보세요.

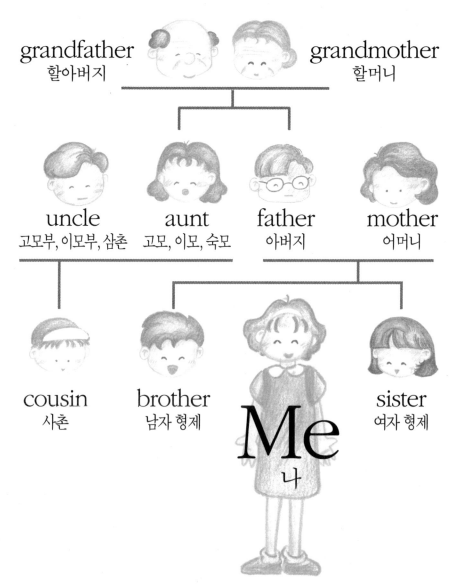

grandfather
할아버지

grandmother
할머니

uncle
고모부, 이모부, 삼촌

aunt
고모, 이모, 숙모

father
아버지

mother
어머니

cousin
사촌

brother
남자 형제

Me
나

sister
여자 형제

father's family 친가   mother's family 외가

father mother

아버지의 부모님을 친할아버지, 친할머니라고 하죠? 아버지 쪽 가족을
친가라고 합니다. 어머니의 부모님은 외할아버지,
외할머니라고 해요. 어머니 쪽 가족은 외가라고 합니다.
위의 그림은 부모님의 결혼식 사진이네요.

우리 함께 영어 일기를 써 볼까요?

● 빈 칸에 들어갈 낱말을 골라 넣으세요.

삼촌네 가족이 우리 집에 왔다.
엄마랑 아빠는 삼촌과 이야기하셨다.
내 동생과 나는 사촌들과 놀았다.
내 사촌은 두 명이다.
한 명은 1학년이고 다른 한 명은 6학년이다.

My uncle's family _____ to my house.

Mom and dad **chatted** with uncle.

My sister and I **played** with cousins.

I have two cousins.

One is in the first _____ and the other is in

the _____ grade.

sixth

grade

came

chatted with
(chat with ~와 수다를 떨다의 과거형) ~와 수다를 떨었다

_____ 의 영어 일기

Date ....

Weather ....

11. I was late for school.

Date Wednesday, February 12
Weather sunny

My mom said to me.

"Get up! It's time for school! Hurry up!

It's seven thirty!"

But I was tired. I couldn't get up.

I got up at 8 o'clock.

I was late for school.

🎧 잘 듣고 위의 일기를 따라 읽어 보세요.

학교에 지각했다.

날짜 2월 12일 수요일
날씨 맑음

엄마가 나에게 말씀하셨다.
"일어나! 학교 갈 시간이다! 서둘러! 7시 30분이야!"
하지만 나는 피곤했다. 나는 일어날 수 없었다.
나는 8시에 일어났다.
학교에 지각했다.

Get up! 일어나!	**It is time for school!** 학교 갈 시간이다!
Hurry up! 서둘러!	**tired** 피곤한
late 늦은	

 ## 지금 시각을 어떻게 말해요?

지금 몇 시인지 말할 때에는 **It's**를 쓰고 그 뒤에 시각을 쓴답니다.
"2시 정각이에요."는 **It's** two o'clock.
정각일 때는 **o'clock**을 써요.
o'clock은 **시**를 말하죠.
"2시 30분이에요."는 **It's** two thirty.
It's 다음에 **시** 그리고 **분**을 쓴답니다.

몇 시예요? What time is it?

● 다음 문장을 따라 써 보세요.

It's ten o'clock.
10시예요.

It's ten o'clock.

It's two thirty.
2시 30분이에요.

It's two thirty.

It's five fifteen.
5시 15분이에요.

It's five fifteen.

● 시계를 보고 몇 시인지 영어로 써 보세요.

_____ 시예요.

It's two o'clock.

_____ 시 _____ 분이에요.

It's nine thirty.

_____ 시 _____ 분이에요.

It's four five.

지금은 무엇을 할 시간인가요?

● 빈 칸에 알맞은 단어를 써 넣으세요.

It's time for school.
학교에 갈 시간이에요.

What time is it?
It's _____ o'clock.

It's time for lunch.
점심 식사할 시간이에요.

What time is it?
It's _____ o'clock.

| 1 one | 2 two | 3 three | 4 four | 5 five | 6 six |

It's time for dinner.
저녁 식사할 시간이에요.

What time is it?
It's _____ o'clock.

It's time for bed.
잘 시간이에요.

What time is it?
It's _____ o'clock.

우리 함께 영어 일기를 써 볼까요?

● 빈 칸에 들어갈 낱말을 골라 넣으세요.

오늘은 추석이다.
아침에 늦게 일어났다.
나는 서둘러 할머니 댁에 갔다.
8시에 우리 가족은 집으로 돌아왔다.
지금은 10시이다.
자야 할 시간이다.
멋진 날이었다.

Today is Chusok.
I got _____ late in the morning.
I _____ and went to grandmother's house.
At 8 o'clock, our family came back home.
It is 10 o'clock, now.
It's _____ for bed.
It was a great day!

up time hurried

late 늦은	in the morning 아침에
hurried (hurry 서두르다의 과거형) 서둘렀다	great 멋진, 굉장한

_____ 의 영어 일기

Date ....

Weather ....

12. I am sorry.

Date Thursday, March 6
Weather cloudy

Su-mi is my best friend.
She is very kind and pretty.
But she is sensitive.
Today, she is angry with me.
Because I didn't keep a promise.
I am sorry for it.

잘 듣고 위의 일기를 따라 읽어 보세요.

미안해.

날짜 3월 6일 목요일
날씨 흐림

수미는 나의 가장 친한 친구이다.
그녀는 매우 친절하고 예쁘지만, 예민하다.
오늘, 그녀는 나에게 화가 났다.
내가 약속을 지키지 않았기 때문이다.
나는 그것에 대해 미안하다.

---

best friend 가장 친한 친구   **kind** 친절한
pretty 예쁜   **is angry with** ~에게 화가 나다
didn't 하지 않았다   **keep a promise** 약속을 지키다
sorry 미안한

 ## "미안하다"는 어떻게 말해요?

sorry는 **미안한**이라는 뜻이에요. I'm sorry for it은 일기의 내용으로 보아 수미와
의 약속을 지키지 않은 것이 미안하다는 뜻이네요.
미안한 마음에 친구에게 사과 편지를
썼다면 영어로 이렇게 쓸 수 있어요.

> I wrote a letter of apology.
> 나는 사과 편지를 썼다.

wrote는 write **쓰다**의 과거형으로 **썼다**가 되고
letter는 **편지**, of는 ~의, apology는 **사과**라는 뜻입니다.

외모에 대해 말해 볼까요?

● 잘 듣고 따라 읽어 보세요.

tall   He is tall.
       그는 키가 크다.

short He is short.
       그는 키가 작다.

Height 키

big   He is big.
       그는 체격이 크다.

small He is small.
       그는 체격이 작다.

Size 체격

heavy She is heavy.
       그녀는 뚱뚱하다.

thin   He is thin.
       그는 말랐다.

Weight 몸무게

106 |

Features 얼굴 생김새

ugly

He is ugly.
그는 못생겼다.

---

handsome

He is handsome.
그는 잘생겼다.

---

pretty

She is pretty.
그녀는 귀엽다.

---

beautiful

She is beautiful.
그녀는 아름답다.

기분이 어때요? How's your feeling?

● 잘 듣고 알맞은 그림에 번호를 적어 넣으세요.

afraid 두려운

angry 화난

happy 행복한

pleasant 기분 좋은

sick 아픈

sad 슬픈

tired 피곤한

bored 지루한

● 지금 기분이 어때요? 빈 칸에 적어 보세요.

I am _____ .

우리 함께 영어 일기를 써 볼까요?

● 빈 칸에 들어갈 낱말을 골라 넣으세요.

나는 문기를 좋아한다.
그는 잘생긴 소년이다.
그는 친절하고 재미있다.
그는 같은 반 친구이다.
나는 그를 알게 되어 행복하다.

I like **Mun-gi.**

He is a —————— boy.

He is —— and humorous.

He is my classmate.

I am —————— to know him.

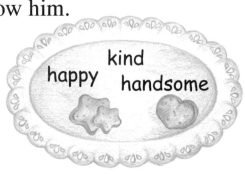

kind
happy handsome

---

like 좋아하다	handsome 잘생긴
kind 친절한	humorous 재미있는
classmate 같은 반 친구	happy 행복한
know 알다	

_____ 의 영어 일기

Date ·······································
Weather ·································

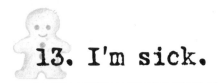

13. I'm sick.

Date Thursday, April 3
Weather sunny

I took a test. It was difficult.

On my way home, I met In-su.

He said to me. "Let's play basketball."

I was very tired and sick.

I couldn't play basketball.

After dinner, I had a fever and a headache.

Tomorrow, I'm going to go to hospital.

잘 듣고 위의 일기를 따라 읽어 보세요.

아프다.

시험을 보았다. 어려웠다.
집에 오는 길에, 나는 인수를 만났다.
그가 나에게 "농구하자."고 말했다.
나는 너무 피곤하고 아팠다.
농구를 할 수 없었다.
저녁 식사 후에, 나는 열이 나고 머리가 아팠다.
내일, 병원에 갈 것이다.

---

took a test (take a test 시험을 보다의 과거형) 시험을 봤다
on my way home 집에 오는 길에   **difficult** 어려운
Let's ~하자   **tired** 피곤한
couldn't (can't 할 수 없다의 과거형) 할 수 없었다
sick 아픈   **after dinner** 저녁 식사 후에
fever 열   **headache** 두통, 머리가 아픔
am going to ~할 것이다   **hospital** 병원

 "Let's"가 뭐예요?

Let's run!
달리자!

Let's는 Let us의 줄임말이에요.
Let's는 **우리 함께 ~을 하자**라고 권유하는 말이죠.

공부합시다. Let's study.

● 문장의 철자를 따라 알맞은 그림을 찾아가세요.

Let's go home. 집에 가자.

Let's play basketball. 농구를 하자.

Let's meet in the playground. 놀이터에서 만나자.

Let's go swimming. 수영하러 가자.

Let's go to the movies. 영화 보러 가자.

무엇을 할 건가요? What are you going to do?

● 다음 문장들을 함께 분해해 볼까요?

I'm going to study hard.
I'm going to study hard.

I	나는
+	
am going to	ㄹ 것이다
+	
study	공부하다
+	
hard	열심히

= I am going to study hard. 나는 열심히 공부할 것이다.

I'm going to write a letter.
I'm going to write a letter.

I	나는
+	
am going to	ㄹ 것이다
+	
write	쓰다
+	
a letter	편지

= I am going to write a letter. 나는 편지를 쓸 것이다.

116 |

I'm going to go to hospital.

I'm going to go to hospital.

I	나는
+	
am going to	ㄹ 것이다
+	
go to	~에 가다
+	
hospital	병원

= I am going to go to hospital. 나는 병원에 갈 것이다.

I'm going to buy that bicycle.

I'm going to buy that bicycle.

I	나는
+	
am going to	ㄹ 것이다
+	
buy	사다
+	
that bicycle	저 자전거

= I am going to buy that bicycle. 나는 저 자전거를 살 것이다.

우리 함께 영어 일기를 써 볼까요?

● 빈 칸에 들어갈 낱말을 골라 넣으세요.

감기에 걸렸다.
학교에 결석했다.
나는 엄마와 함께 병원에 갔다.
약을 먹고 하루 종일 잤다.

I caught a ＿＿ .
I was absent from ＿＿ .
I went to hospital with ＿＿ .
I swallowed some medicines and slept
all day long.

cold
mom
school

caught a cold (catch a cold 감기에 걸리다의 과거형) 감기에 걸렸다
was absent from (be absent from 결석하다의 과거형) 결석했다
swallowed (swallow 삼키다의 과거형) 삼켰다, 먹었다
some 약간의   medicines 약들
slept (sleep 자다의 과거형) 잤다   all day long 하루 종일

_____의 영어 일기

Date ....

Weather ....

Let's keep a diary. 일기를 쓰자.

14. Don't do that.

Date Monday, May 19
Weather sunny

I took a picnic at school.

I went to the Seoul Children Park.

There were beautiful flowers and a lot of trees.

Su-jin picked flowers.

My teacher said to her.

"Don't do that. Don't pick flowers."

My teacher scolded her.

잘 듣고 위의 일기를 따라 읽어 보세요.

그러지 마라.

날짜 5월 19일 월요일
날씨 맑음

학교에서 소풍을 갔다.

서울 어린이 대공원으로 갔다.

그곳에는 아름다운 꽃들과 많은 나무들이 있었다.

수진이가 꽃을 꺾었다.

선생님께서 그녀에게 말씀하셨다.

"그러지 마라. 꽃을 꺾지 마라!"

선생님께서 그녀를 꾸짖으셨다.

---

took a picnic (take a picnic **소풍을 가다**의 과거형) 소풍을 갔다

beautiful 아름다운   **a lot of** 많은

flowers 꽃들   **trees** 나무들

picked flowers (pick flowers **꽃들을 꺾다**의 과거형) 꽃들을 꺾었다
한 송이의 꽃을 꺾었다면 **picked a flower**

Don't do that! 그러지 마라!   **scolded** (scold **꾸짖다**의 과거형) 꾸짖었다

 ## Don't와 don't의 차이는?

문장의 맨 앞에 있는 Don't는 **하지 마라**라는
뜻이지만 문장 중간에 있는 don't는
아니다라는 뜻이에요.
Don't pick flowers. 꽃을 꺾지 마라.
I don't pick flowers. 나는 꽃을 꺾지 않아요.

그러지 마라. Don't do that.

● 그림들을 색연필로 예쁘게 칠하고 줄을 따라 어울리는 문장과 연결해 보세요.

Don't run.
뛰지 마라.

Don't shout.
소리 지르지 마라.

Don't throw stones.
돌을 던지지 마라.

Don't pick your nose.
콧구멍을 후비지 마라.

강이나 들에 놀러 가면 무엇을 하나요?

● 잘 듣고 따라 읽어 보세요.

She picked strawberries.
그녀는 딸기를 땄다.

strawberries

He picked flowers.
그는 꽃을 꺾었다.

flowers

He caught butterflies and dragonflies.

그는 나비들과 잠자리들을 잡았다.

dragonflies

butterflies

Father and I fished in the River Han.

아버지와 나는 한강에서 낚시를 했다.

> **caught** (catch **잡다**의 과거형) 잡았다
> **fished** (fish **낚시를 하다**의 과거형) 낚시를 했다

우리 함께 영어 일기를 써 볼까요?

● 빈 칸에 들어갈 낱말을 골라 넣으세요.

비가 왔다.
나는 밖에 나가지 않았다.
여동생과 나는 집에서 공 놀이를 했다.
엄마가 말씀하셨다.
"그러지 마라. 뛰지 마라!"
우리는 공 놀이를 할 수 없었다.
우리는 카드 놀이를 했다.

It was ———.
I ——— go outside.
My sister and I ——— with a ball at home.
My mom said. " ——— do that. Don't run!"
We couldn't play with a ball.
We played cards.

didn't
Don't played
raining

---

at home 집에서　　　**run** 뛰다
played cards (play cards **카드 놀이를 하다**의 과거형) 카드 놀이를 했다

_____ 의 영어 일기

Date ....
Weather ....

모범 답안

18쪽, 19쪽

20쪽, 21쪽

각 문장과 그 아래 그림이 연결되도록 선을 그으면 정답입니다.

| I played
hide-and-seek. | I played
computer games. | I played
with my dolls. | I played
with a ball. |

22쪽

빈 칸에 넣는 순서입니다.

raining ➔ computer games ➔ too

27쪽

다음 날짜들과 그 날짜 아래의 그림이 함께 연결되도록 미로를 따라가면 됩니다.

March 1   May 5   October 1   December 25

28쪽

다음 단어들끼리 연결하면 정답입니다.

Sunday ➜ Sun.   Monday ➜ Mon.   Wednesday ➜ Wed.

Thursday ➜ Thu.   Friday ➜ Fri.   Saturday ➜ Sat.

29쪽

빈 칸에 넣는 순서입니다.

Sunday ➜ 5 ➜ Wednesday ➜ May ➜ August ➜ Saturday ➜ August

30쪽

빈 칸에 넣는 순서입니다.

Yesterday ➜ Today ➜ I ➜ It

38쪽

빈 칸에 넣는 순서입니다.

birthday ➜ notebooks ➜ gave

42쪽, 43쪽

숨은 알파벳을 찾아
단어로 맞추면
MONKEY(원숭이)가 됩니다.

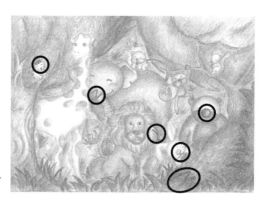

44쪽, 45쪽

빈 칸에 넣는 순서입니다.

two ➜ three

46쪽

빈 칸에 넣는 순서입니다.

zoo ➜ Elephants ➜ little ➜ It

51쪽

자신의 취미를 영어로 써 넣으면 그것이 바로 정답입니다.

54쪽

빈 칸에 넣는 순서입니다.

played ➜ can ➜ player

58쪽

대화 내용의 순서입니다.

1 ➜ 4 ➜ 3 ➜ 2

59쪽

대화 내용의 순서입니다.

1 ➜ 3 ➜ 4 ➜ 2

62쪽

빈 칸에 넣는 순서입니다.

took ➜ washed ➜ body ➜ teeth

69쪽

빈 칸에 넣는 순서입니다.

음식의 맛을 자신이 생각한 대로 영어로 넣어도 맞는 답입니다.

sweet ➜ hot ➜ sour ➜ salty

70쪽

빈 칸에 넣는 순서입니다.

cookies ➜ like ➜ delicious

75쪽

다음과 같이 연결하면 정답입니다.

It's warm. ➜ **Spring**   It's hot. ➜ **Summer**
It's windy. ➜ **Fall**   It's cold. ➜ **Winter**

76쪽

다음 그림과 같이 번호를 넣으면 정답입니다.

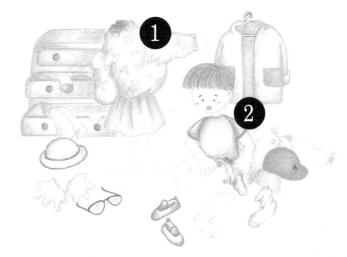

77쪽

빈 칸에 넣는 순서입니다.

gloves ➜ shoes ➜ coat

78쪽

빈 칸에 넣는 순서입니다.

Sunday ➡ hat ➡ met ➡ fun

84쪽

빈 칸에 넣는 순서입니다.

yellow ➡ red ➡ green ➡ purple ➡ orange

86쪽

빈 칸에 넣는 순서입니다.

bought ➡ yellow ➡ apples

90쪽

자신의 나이가 몇인지 기수로 쓰고 years를 넣으면 정답입니다.

I'm 자신의 나이 years old.
예) 자신의 나이가 열두 살이라면 I'm <u>twelve years</u> old.

91쪽

자신의 학년이 몇 학년인지 서수로 쓰고 grade를 넣으면 정답입니다.

I'm in the 자신의 학년 grade.
예) 5학년이라면 I'm in the <u>fifth grade</u>.

94쪽

빈 칸에 넣는 순서입니다.

came ➡ grade ➡ sixth

99쪽

빈 칸에 넣는 순서입니다.

2 ➜ two o'clock ➜ 9, 30 ➜ nine thirty ➜ 4, 5 ➜ four five

100쪽, 101쪽

빈 칸에 넣는 순서입니다.

eight ➜ twelve ➜ six ➜ nine

102쪽

빈 칸에 넣는 순서입니다.

up ➜ hurried ➜ time

108쪽, 109쪽

다음 그림과 같이 번호를 넣으면 정답입니다.

110쪽

빈 칸에 넣는 순서입니다.

handsome ➜ kind ➜ happy

114쪽, 115쪽

다음과 같이 선을 연결하면 됩니다.

Let's go home.

Let's play basketball.

Let's meet in the playground.

Let's go swimming.

Let's go to the movies.

118쪽

빈 칸에 넣는 순서입니다.

cold ➜ school ➜ mom

122쪽, 123쪽

각 문장과 그 아래 그림이 연결되도록 선을 그으면 정답입니다.

Don't run.   Don't shout.   Don't throw stones.   Don't pick your nose.

126쪽

빈 칸에 넣는 순서입니다.

raining ➜ didn't ➜ played ➜ Don't

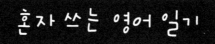

혼자 쓰는 영어 일기

Date..
Weather..

Date ....

Weather ....

Date ....

Weather ....

Date

Weather

Date ....
Weather ....

Date ....

Weather ....

Date ....

Weather ....

한영 사전

【ㄱ】

가게 ● shop, store

가까이에 ● near

She lives near my house.

그녀는 나의 집 근처에 산다.

가다 ● go-went-gone

The boy goes to his school.

그 소년은 그의 학교에 간다.

가득한 ● full

가르치다 ● teach

가방 ● bag

가운데 ● middle

a middle school 중학교

가을 ● fall, autumn

The autumn air is cool.

가을 공기는 시원하다.

가족 ● family

가져오다 ● bring

She brings him food.

그녀는 그에게 음식을 가져간다.

각자, 개개의 ● each

갈색, 갈색의 ● brown

갑자기 ● suddenly

강 ● river

같은 ● same

No stones are ever the same shape.

같은 모양을 한 돌은 결코 없다.

개 ● dog

개미 ● ant

거대한, 훌륭한 ● great

That is great news.

그것은 대단한 뉴스다.

거의 ● almost, nearly

걱정하다 ● worry

Don't worry. 걱정하지 마라.

건강 ● health

건네주다, 지나가다 ● pass

Pass me the salt.

소금을 건네주세요.

Many cars pass by the school.

많은 차들이 학교 앞을 지나간다.

걷다 ● walk

검은, 검은색 ● black

게으른 ● lazy

겨울 ● winter

격노한, 크게 화난 ● furious

결석 ● absence

결코 ~ 하지 않다 ● never

Never tell a lie.

결코 거짓말을 하지 마라.

결혼 ● marriage

결혼하다 ● marry

경기 ● game

경기자, 연주자 ● player

She is the best basketball player in

her school.

그녀는 그녀의 학교에서 최고의 농구 선수이다.

경기장, 들판 ● field

계절 ● season

고모, 아주머니 ● aunt

고양이 ● cat

고향 ● hometown

곰 ● bear

곳, 장소 ● place

공 ● ball

공격수 ● striker

공부하다 ● study

공원 ● park

공책 ● notebook

공평, 정당 ● justice

과목 ● subject

He enjoys studying all his subjects.

그는 모든 학과를 공부하는 것을 좋아한다.

과일, 열매 ● fruit

과자 ● cake, pie, pastry

과학 ● science

과학자 ● scientist

교과서 ● textbook

교실 ● classroom

귀 ● ear

귀여운 ● cute

그네 ● swing

그때, 그 다음에 ● then

I was too young then.

그때 나는 너무 어렸다.

First comes spring, then summer.

처음에 봄이, 다음에는 여름이 온다.

그래서, 몹시 ● so

He didn't work hard, so he lost his job.

그는 열심히 일하지 않아서 직장을 잃었다.

I am so tired.

나는 몹시 피곤하다.

그러나 ● but

We are poor, but happy.

우리는 가난하나 행복하다.

그리고 ● and

그리다, 끌다 ● draw-drew-drown

The artist draws beautiful girl.

그 화가는 아름다운 소녀를 그린다.

A horse is drawing the wagon.

말 한 마리가 그 마차를 끌고 있다.

그리워하다 ● yearn, miss

그림, 사진, 영화 ● picture

This is a lovely picture of the baby.

이것은 아기의 사랑스런 사진이다.

We went to the pictures last night.

어젯밤에 우리는 영화 구경을 갔다.

그 밖에 ● else

극장 ● theater

근사한 ● wonderful

금 ● gold

금속 ● metal

금요일 ● Friday

기계 ● machine

기린 ● giraffe

기분 좋은 ● pleasant

기쁘게 하다 ● please

기쁜, 즐거운 ● glad, pleased, delight

기억하다 ● remember

기절하다 ● faint

기타 ● guitar

긴 ● long

깊은 ● deep

깨끗하게 하다 ● clean

I helped her clean the room.

나는 그녀가 방 청소하는 것을 도왔다.

깨어나다 ● wake, awake

꺾다 ● pick

꽃 ● flower

꾸짖다 ● scold

끝 ● end

끝내다 ● finish

【ㄴ】

나라, 시골 ● country

I want to make our country rich.

나는 우리 나라가 부자가 되길 원한다.

My cousin lives in the country.

나의 사촌은 시골에 산다.

나무 ● tree

나뭇잎, 잎 ● leaf

나비 ● butterfly

나쁜 ● bad

나에게 ● me

나의 ● my

나이 ● age

Act your age.

나이값 좀 해라.

나이 먹은 ● old

낚시하다 ● fish

날, 낮, 하루 ● day

날씨 ● weather

The weather was very nice this

afternoon.

오늘 오후는 날씨가 매우 좋았다.

날짜 ● date

남자 ● man

남편 ● husband

내일 ● tomorrow

We have a test tomorrow.

우리는 내일 시험이 있다.

네 번째 ● fourth

년, 해 ● year

노랑, 노란색의 ● yellow

노래 ● song

노래하다 ● sing

녹색의 ● green

놀다, 경기하다, 연주하다 ● play

The children are playing in the

garden.

아이들이 정원에서 놀고 있다.

The boys played baseball.

그 소년들은 야구를 했다.

놀란 ● frightened

놀이 공원 ● amusement park

놀이 기구 ● plaything

농구 ● basketball

농장 ● farm

높은 ● high

놓치다 ● miss

누구 ● who

Who are you?

당신은 누구입니까?

눈 ● eye

눈 ● snow

눈물 ● tear

눈사람 ● snowman

눈이 많이 오는 ● snowy

눕다 ● lie

늦은 ● late

【ㄷ】

다람쥐 ● squirrel

다루다 ● treat

다른 ● different

다른 ● other

Do you know any customs of other

countries?

너는 다른 나라들의 관습을 아느냐?

다리 ● bridge

다리 ● leg

다섯 ● five

다섯 번째 ● fifth

단, 달콤한 ● sweet

다시 ● again

다투다 ● quarrel

닫다 ● close

Please close the door.

문 좀 닫아 주십시오.

달, 월 ● month

달러 ● dollar

달력 ● calendar

달리다 ● run

당근 ● carrot

당기다 ● pull

She pulled her dog's tail.

그녀는 개의 꼬리를 당겼다.

당황한 ● embarassed

대개, 보통 ● usually

Rules at home usually are made by

parents.

집안의 규칙은 대개 부모가 만든다.

대답 ● answer

Give me the answer.

나에게 대답하시오.

대중적인, 인기 있는 ● pop

He is a famous pop singer.

그는 유명한 대중 가수이다.

더운 ● hot

더 이상 ● any more

던지다 ● throw

도서관 ● library

돈 ● money

돌다, 회전하다 ● turn

Then he will turn around and go

away.

그래서 그는 돌아서 갈 것이다.

돌아오다 ● come back

돕다 ● help

동물 ● animal

동물원 ● zoo

동쪽 ● east

돼지 ● pig

두려움, 두려워하다 ● fear

The fear of death

죽음에 대한 두려움

두 번째 ● second

두통 ● headache

둘, 2 ● two

듣다 ● listen

등, 램프 ● lamp

따뜻한 ● warm

딱정벌레 ● beetle

딸 ● daughter

딸기 ● strawberry

~때문에 ● because, for

떠나다 ● leave

또한, 역시, 너무 ● too

I like apples, and I like bananas too.

나는 사과를 좋아하고, 바나나도 좋아한다.

He drives a car too fast.

그는 차를 너무 빨리 운전한다.

뚱뚱한 ● heavy, fat

뛰다 ● run

뜨거운, 더운, 매운 ● hot

뜰, 마당 ● yard

【ㄹ】

~로부터, 에서, 으로 ● from

He's from Japan.

그는 일본에서 왔다.

레몬 ● lemon

로봇 ● robot

로켓 ● rocket

리본 ● ribbon

【ㅁ】

~마다, 매~ ● every

Every weekend I practice the piano.

주말마다 나는 피아노 연습을 한다.

마른 ● thin

마을, 촌락 ● village

a farm village 농촌

마지막의 ● last

만나다 ● meet

만들다 ● make

The carpenter made tables from wood.

그 목수는 나무로 탁자들을 만들었다.

만족스러운 ● satisfactory

만족스럽지 못한 ● unsatisfactory

만지다, 닿다 ● touch

많은 ● many

Many people were at the party.

많은 사람들이 그 파티에 있었다.

많은 ● much

I don't drink much water.

나는 물을 많이 마시지 않는다.

많음, 다수, 다량 ● lot

I did a lot of exercise.

나는 연습을 많이 했다.

말하다, ~라고 하다 ● say

Americans say the family name last.

미국 사람은 성을 마지막에 말한다.

말하다, 이야기하다 ● speak

맑은 ● clear, fine

맑은, 양지바른 ● sunny

맛있는 ● delicious

매우, 바로 그, 대단히 ● very

She is very pretty.

그녀는 대단히 예쁘다.

He was very late.

그는 매우 늦었다.

맨 위, 꼭대기 ● top

머리 ● head

머리카락 ● hair

머리핀 ● hairpin

머무르다 ● stay

먹다 ● eat

You eat too much cake.

너는 케이크를 너무 많이 먹는구나.

먼, 멀리 ● far

How far is it to the Emerald City?

에메랄드 시는 얼마나 멀리 있습니까?

멋있는 ● splendid, good

멋진 ● great

멍청한 ● stupid

멜론 ● melon

모두 ● all

모두, 각자 모두, 누구나 ● everybody

I've got good news for everybody.

나는 모든 사람에게 좋은 뉴스를 얻었다.

모임, 파티, 잔치 ● party

모자 ● hat

목 ● neck

목구멍 ● throat

목수 ● carpenter

목요일 ● Thursday

목욕 ● bath

몸무게 ● weight

못생긴 ● ugly

무릎 ● knee

무엇 ● what

What is your name?

당신의 이름이 무엇입니까?

문 ● door

문장 ● sentence

묻다 ● ask

물 ● water

물론 ● of course, certainly

미술 ● art

미안한 ● sorry

미터, 계기 ● meter

미친 ● mad, crazy

믿다 ● believe

밀다 ● push

【ㅂ】

바구니 ● basket

바나나 ● banana

바다, 해양 ● sea

바닷물 ● sea water

바람이 부는 ● windy

바쁜 ● busy

He is always busy.

그는 항상 바쁘다.

바이올린 ● violin

바지 ● pants

밖으로 ● out

I went out to the yard.

나는 뜰로 나갔다.

밖의, 바깥쪽의 ● outside

반 친구 ● classmate

받다 ● get

발 ● foot

발가락 ● toe

발목 ● ankle

밤 ● night

방 ● room

방금 ● just

방문하다 ● visit

I hope that you will visit me.

나는 네가 나를 방문해 주길 희망한다.

방법, 길 ● way

by the way 그런데, 말이 난 김에

He lives across the way.

그는 길 건너에 산다.

방울 ● drop

a drop of rain 빗방울

방학, 휴가 ● vacation, holidays

배관공 ● plumber

배드민턴 ● badminton

백의, 100 ● hundred

버섯 ● mushroom

버스 ● bus

베다, 썰다 ● cut

벤치, 긴 의자 ● bench

벽 ● wall

변호사 ● lawyer

병든 ● ill, sick

병사, 군인 ● soldier

병원 ● hospital

보내다 ● send

They often send and receive

postcards.

그들은 자주 우편 엽서를 보내고 받는다.

보다, 바라보다 ● look, see

look for 찾다

I look at the picture.

나는 그 그림을 본다.

보다, 지켜보다 ● watch

볼, 뺨 ● cheek

봄 ● spring

부드러운 ● soft

부르다, 전화하다 ● call

I called her on the telephone.

나는 그녀에게 전화를 걸었다.

부모 ● parents

부분, 편 ● part

great part of ~의 대부분

부어 오른 ● swollen

부엌 ● kitchen

부지런한 ● diligent

분 ● minute

분필 ● chalk

분홍색 ● pink

불 ● fire

불공평한, 불공정한 ● unfair,

unjustice

붉은, 빨강 ● red

블록, 구역 ● block

She lives two blocks away.

그녀는 두 블록 지나서 산다.

비가 오다, 비 ● rain

빠른 ● fast

빨간 고추 ● red pepper

빨리 ● quickly

빵 ● bread

【ㅅ】

사과 ● apple

사과, 사죄 ● apology

사다 ● buy-bought-bought

사람들, 국민 ● people

사랑스러운 ● lovely

사랑하다 ● love

사무실 ● office

사슴 ● deer

사용하다 ● use

May I use your pencil?

너의 연필을 써도 되겠니?

사자 ● lion

사촌 ● cousin

사탕 ● candy

산 ● mountain (= Mt.)

살다 ● live

He lived in a big city.

그는 큰 도시에 살았다.

삼촌 ● uncle

삼키다 ● swallow

상자 ● box

새로운 ● new 반의어 old

색 ● color

생각하다 ● think

생선 ● fish

생일 ● birthday

생활, 생명 ● life

서늘한, 식히다 ● cool

서다, 중단하다 ● stop

서두르다 ● hurry

서른, 30 ● thirty

선물 ● present, gift

He gave it to me as a present.

그는 나에게 그것을 선물로 주었다.

선생님 ● teacher

성공 ● success

He is a success in his business.

그는 사업에서 성공했다.

세계 ● the world

세기 ● century

This palace was built in the 16th

century.

이 궁전은 16세기에 지어졌다.

세 번째 ● third

셋, 3 ● three

센, 강한 ● strong

소금 ● salt

소녀 ● girl

소년 ● boy

소리 지르다 ● shout

소파 ● sofa

소풍 ● picnic

If it is fine tomorrow, we will go on

a picnic.

내일 날씨가 좋다면, 우리는 소풍을 갈 것이다.

손 ● hand

손가락 ● finger

손목시계 ● watch

손잡이가 달린 큰 잔 ● mug

수, 숫자, 번호 ● number

수염 ● beard

수영 ● swimming

수영장 ● pool

수영하다 ● swim

수요일 ● Wednesday

수프, 국 ● soup

수학 ● mathematics (= math)

숙모, 이모 ● aunt

숙부, 아저씨 ● uncle

숙제 ● homework

숟가락 ● spoon

숨바꼭질 ● hide-and-seek

쉬운 ● easy

스웨터 ● sweater

스케이트를 타다 ● skate

The children are skating on the

road.

어린이들이 길 위에서 스케이트를 타고 있다.

스키를 타다 ● ski

스포츠, 운동 경기 ● sport

슬픈 ● sad

시 ● o'clock

I'll come back about six o'clock.

나는 6시쯤 돌아올 것이다.

시각, 한 시간 ● hour

the early hours of the morning

아침 이른 시각

시간 ● time

What time is it now?

지금 몇 시입니까?

시계 ● clock

시도하다 ● try

I always try my best.

나는 항상 나의 최선을 다한다.

시작하다 ● begin, start

What time did you begin to study?

너는 오늘 몇 시에 공부를 시작했느냐?

시합 ● match

I must play the match.

나는 그 시합을 해야 한다.

시험 ● examination(= exam)

시험 ● test

식탁, 탁자, 테이블 ● table

at the table   식사 중에

신 ● sour

신, 하느님 ● god

신문 ● newspaper

신발 ● shoes

심장 ● heart

싸우다 ● fight

싼, 저렴한 ● cheap

쓰다 ● write

I hope that you will write me soon.

나는 네가 바로 나에게 편지를 쓰길 바란다.

쓴 ● bitter

씻다, 빨래하다 ● wash

She washes twice a week.

그녀는 일주일에 두 번 빨래를 한다.

【 ○ 】

아내 ● wife

아들 ● son

아래로 ● down

The children ran down the hill.

아이들이 언덕을 뛰어 내려왔다.

아래에 ● under

The cat is under your table now.

그 고양이는 지금 너의 탁자 아래에 있다.

아래층에 ● downstairs

She carried her suitcase downstairs.

그녀는 그녀의 여행 가방을 아래층에 내려 놓

왔다.

아름다운 ● beautiful

아무것도 ● anything

아버지 ● father

아빠 ● dad

아저씨 ● uncle

아직 ● yet

아침 ● morning

Good morning.

안녕하세요. (아침 인사)

아침 식사 ● breakfast

Now, let's go inside and have breakfast.

자, 안에 들어가 아침을 먹읍시다.

아픈 ● sick

아홉, 9 ● nine

안경 ● glasses

안에, ~에서 ● in

What are you doing in the yard?

당신은 뜰에서 무엇을 하고 있습니까?

앉다 ● sit

Sit in this chair.

이 의자에 앉으시오.

알다 ● know

알파벳 ● alphabet

앨범, 사진첩 ● album

야구 ● baseball

야수 ● beast

약 ● medicine

약간의 ● some

약속하다 ● promise

양말 ● socks

양초 ● candle

양치질하다 ● brush one's teeth

양파 ● onion

어디에 ● where

Where did you get it?

너는 그것을 어디에서 얻었느냐?

어떻게 ● how

How do you do? 안녕하십니까? (처음 만

났을 때 인사)

How do you open this door?

이 문을 어떻게 엽니까?

How many students are there in the

school?

이 학교에는 학생이 얼마나 많습니까?

어려운 ● difficult

The math exam was very difficult.

수학 시험은 대단히 어려웠다.

어린이 ● child

A child must sleep at least eight

hours a day.

어린이는 하루에 적어도 8시간은 자야 한다.

어린이날 ● Chidren's Day

어머니 ● mother

어버이날 ● Parents' Day

어제 ● yesterday

She bought a few books yesterday.

그녀는 어제 몇 권의 책을 샀다.

언제 ● when

When did you come to this town?

당신은 언제 이 도시에 왔습니까?

언제나 ● always

I always have bad luck.

나는 항상 운이 나쁘다.

얻다 ● get

I get the letter.

나는 편지를 받았다.

I get up early.

나는 일찍 일어났다.

얼굴 ● face

얼음 ● ice

얼음이 꽁꽁 어는 ● freezing

엄마 ● mom

~에 ● at

He left his bag at the station.

그는 가방을 역에 두고 왔다.

She is at work.

그녀는 일하고 있다.

~에게, 까지, 위하여 ● to

I sent a letter to my mother.

나는 어머니에게 편지를 보냈다.

He works to seven o'clock.

그는 7시까지 일한다.

~에 관하여, 약 ● about

I can talk about some Korean

customs.

나는 한국 관습에 대해 이야기할 수 있다.

~에서, ~로부터 ● from

He walked from city to city.

그는 도시에서 도시로 걸어 다녔다.

Korea spends a lot of money to buy

paper from other countries.

한국은 다른 나라로부터 종이를 사들이는 데

많은 돈을 쓴다.

여기에 ● here

여덟, 8 ● eight

여름 ● summer

여섯 번째 ● sixth

여자 ● woman 복수형 women

여전히 ● still

역사 ● history

연습, 연습하다 ● practice

I spend an hour at music practice

daily.

나는 매일 음악 연습에 한 시간씩 소비한다.

She practices the new words in the

book daily.

그녀는 매일 책에서 새 단어를 연습(공부)한다.

연필 ● pencil

열 ● fever

열, 10 ● ten

열다, 열린 ● open

Please open the window.

창문을 열어 주십시오.

He walked through the open door.

그는 열린 문으로 걸어 들어왔다.

열 다섯, 15 ● fifteen

열 둘, 12 ● twelve

열 셋, 13 ● thirteen

열매 ● fruit

열심히, 단단한 ● hard

He didn't work hard, so he lost his job.

그는 열심히 일하지 않아서 직장에서 쫓겨났다.

영, 0 ● zero

영화 ● movie

예쁜 ● pretty, beautiful

오늘 ● today

오다 ● come

오렌지 ● orange

오르다, 뜨다 ● rise

The sun is rising above the horizon.

해가 지평선 위로 뜨고 있다.

오르다 ● climb

She climbed to the top of the fence

beside the road.

그녀는 도로 옆의 담장 꼭대기에 올라갔다.

오직 ● only

We speak only English in the class.

우리는 그 학급에서 영어로만 말한다.

오후 ● afternoon

Good afternoon.

안녕하십니까. (오후 인사)

온도, 기질 ● temperature

올림픽 경기의 ● Olympic

옳은, 오른쪽 ● right

반의어 wrong, left

Most of student's answers were right.

대부분의 학생들의 답이 맞았다.

She hold the pen in her right hand.

그녀는 펜을 오른손으로 잡는다.

옷 ● clothes

왼쪽, 왼쪽의 ● left

요리하다 ● cook

용 ● dragon

용서하다, 면제하다 ● excuse, forgive

He excused her for being late.

그는 그녀가 늦은 것을 용서했다.

우두머리, 대장 ● captain

우리 ● we

우리의 ● our

우송하다, 우편물 ● post

He has a heavy post today.

그는 오늘 우편물을 많이 받았다.

우스운 ● funny

운동 모자 ● cap

운동장 ● playground

울다 ● cry

At last the child begins to cry.

드디어 아이가 울기 시작했다.

원숭이 ● monkey

원하다 ● want

I want a bigger one.

나는 더 큰 것을 원한다.

월요일 ● Monday

위로, 위쪽으로, 일어나 ● up

He climbed up the tree.

그는 나무에 올라갔다.

위쪽에, 너머, 끝난 ● over

위층에, 2층에 ● upstairs

The children watched from an

upstairs window.

어린이들은 2층 창문을 통해 보았다.

유감스러운 ● sorry

I'm sorry, but I can't go out now.

죄송합니다, 나는 지금 나갈 수가 없습니다.

유리, 유리잔 ● glass

유명한 ● famous

은 ● silver

은행 ● bank

～을 가지고, ～와 함께 ● with

I was talking with dad.

나는 아빠와 함께 이야기하고 있었다.

~을 시키다 ● let

Now, let's think about these questions.

자, 이 문제들에 대해 생각합시다.

Let us go now to the theater.

지금 극장으로 갑시다.

~을 위하여 ● for

I opened the door for you.

나는 너를 위해 문을 열었다.

음악 ● music

~의 ● of

I drank a cup of tea.

나는 차 한 잔을 마셨다.

She is a friend of mine.

그녀는 나의 친구이다.

의복, 복장 ● dress

의사, 박사 ● doctor

~의 옆에, ~으로 ● by

I went to school by bus.

나는 버스로 학교에 갔다.

의자 ● chair

이, 치아 ● tooth

이기다 ● win

이름 ● name

What's your name?

당신의 이름은 무엇입니까?

이야기 ● story

이야기하다 ● tell, talk

He tells about a war.

그는 전쟁에 관해서 이야기했다.

인형 ● doll

일, 것 ● thing

I have many things to tell.

나는 이야기할 것을 많이 가지고 있다.

일기 ● diary

일곱, 7 ● seven

keep a diary 일기를 쓰다

일어서다 ● stand

stand by 기다리다

His house stands at the top of the hill.

그의 집은 언덕 꼭대기에 있다.

일요일 ● Sunday

일하다, 일 ● work

His father was working in the yard.

그의 아버지는 뜰에서 일하고 있었다.

읽다, 독서하다 ● read

입 ● mouth

입다 ● wear

I saw a doll wearing a pretty dress.

나는 예쁜 옷을 입은 인형을 보았다.

입술 ● lip

【ㅈ】

자 ● ruler

자다 ● sleep

자동차 ● car

자랑으로 여기는 ● proud

He is proud of his son.

그는 그의 아들을 자랑으로 여긴다.

자리 ● seat

자매 ● sister

자전거 ● bicycle

자주 ● often

She often says, "He tells jokes very well."

그녀는 "그가 농담을 아주 잘한다"고 자주 말한다.

작은 ● little, small

잘 ● well

My plants in the garden are growing well.

정원의 나의 식물들이 잘 자라고 있다.

잘못, 잘못하다 ● mistake

잘못된 ● wrong

잘생긴 ● handsome

잠자리 ● dragonfly

잡다 ● catch

장갑 ● gloves

장미꽃 ● rose

장식하다 ● decorate

재미, 장난 ● fun

재미있는, 우스운 ● funny

A funny thing happened to me at work today.

오늘 일과 중에 나에게 우스운 일이 일어났다.

재미있는 ● interesting

I found the movie very interesting.

나는 대단히 재미있는 영화를 발견했다.

저녁 ● evening

Good evening.

안녕하세요. (저녁 인사)

저녁 식사 ● dinner, supper

When I called him, he was eating dinner.

내가 그를 불렀을 때, 그는 저녁 식사를 하고 있었다.

전기의 ● electric

전화 ● telephone

점수, 득점(경기에서) ● score

The score is 5 to 3 in our favor.

득점을 5대 3으로 우리가 이겼다.

점심 ● lunch

접시 ● dish

정말, 실제로 ● really

I really have to go.

나는 정말 가야 한다.

정원 ● garden

정직한 ● honest

제발 ● please

제복 ● uniform

We have to wear school uniforms.

우리는 교복을 입어야 한다.

조부모 ● grandparents

종류 ● sort

a sort of 일종의

좋아하는 ● favorite

좋아하다 ● like

좋은, 친절한 ● good, fine, nice

주 ● week

주다 ● give

죽다 ● die

die hard 여간해서 죽지 않는, 끈질긴

죽이다 ● kill

준비된 ● ready, prepared

get ready 준비하다

줄, 밧줄 ● rope

줄, 선 ● line

줍다, 고르다 ● pick

I picked a pencil from the floor.

나는 마루에서 연필 한 자루를 주웠다.

The child picked a big apple.

그 어린이는 큰 사과 하나를 골랐다.

지금, 방금 ● now

지도 ● map

지루한 ● bored

지우개 ● eraser

지친 ● tired

I'm too tired to do my homework.

나는 너무 지쳐서 숙제를 할 수 없다.

He looks very tired.

그는 대단히 지쳐 보인다.

지켜보다 ● watch

I watch TV every night.

나는 매일 밤 텔레비전을 본다.

지하철 ● subway

질긴 ● tough

질문, 의문 ● question

I often have questions about nature.

나는 가끔 자연에 관한 의문을 갖는다.

집 ● house, home

짠 ● salty

짧은 ● short

She is short. 그녀는 키가 작다.

【ㅊ】

참된, 진실의 ● true

창문 ● window

찾다, 찾아내다 ● find

I can't find my bag.

나는 내 가방을 찾을 수가 없다.

책 ● book

책상 ● desk

천, 1,000의 ● thousand

천국, 하늘 ● heaven

첫째 ● first

The first letter received was from her.

그녀로부터 처음으로 편지를 받았다.

청소하다 ● clean

체격, 크기 ● size

초대장 ● invitation

초대하다 ● invite

I'd like to invite you to my birthday

party.

나는 나의 생일 파티에 너를 초대한다.

초록색 ● green

초콜릿 ● chocolate

추운, 차가운 ● cold

축구, 축구공 ● football

축구 ● soccer

취미 ● hobby

층, 바닥 ● floor

치즈 ● cheese

치과 ● dental surgery, dental clinic,

dentist office

치과 의사 ● dentist

치마 ● skirt

친구 ● friend

친애하는 사람, 귀여운 사람 ● dear

He is a dear friend of mine.

그는 나의 가장 사랑하는 친구이다.

친절한 ● kind, friendly

칠판, 흑판 ● blackboard

침대 ● bed

【ㅋ】

카네이션 ● carnation

칼 ● knife

컴퓨터 ● computer

I want to buy a computer.

나는 컴퓨터를 사고 싶다.

컵, 잔 ● cup

코 ● nose

코끼리 ● elephant

코트, 외투 ● coat

큰 ● big, large

a big nose 큰 코

a large family 대가족

키 ● height

키위 ● kiwi

키 큰 ● tall

【ㅌ】

타다 ● ride

타다, 먹다, 잡다 ● take

He will take a plane tomorrow.

그는 내일 비행기를 탈 것이다.

We must take off our shoes.

우리는 구두를 벗어야 한다.

She likes to take pictures.

그녀는 사진 찍기를 좋아한다.

택시 ● taxi

테니스, 정구 ● tennis

텔레비전 ● television

토끼 ● rabbit

토요일 ● Saturday

팀 ● team

【ㅍ】

파란색 ● blue

팔 ● arm

페이지, 쪽 ● page

펜 ● pen

편지 ● letter

포도 ● grape

포크 ● fork

표 ● ticket

피곤한 ● tired

피아노 ● piano

피자 ● pizza

【ㅎ】

하나, 1 ● one

하늘 ● sky

하다 ● do

Do your best.

최선을 다하라.

하품하다 ● yawn

학과, 수업 ● lesson

학교 ● school

학급, 수업 ● class

학생 ● student

~할 것이다 ● will

He will be much happier than now.

그는 지금보다 더 행복해질 것이다.

할머니 ● grandmother

할아버지 ● grandfather

~할 수 있다 ● can

함께 ● together

해변, 물가 ● beach

해안, 해변 ● coast

햄버거 ● hamburger

행복한 ● happy

헐거운 ● loose

헝겊, 천, 옷감 ● cloth

헹구다 ● rinse

현명한 ● wise

형, 오빠, 남동생 ● brother

형태, 타입 ● type

We will use new types of energy in future.

우리는 미래에는 새로운 형태의 에너지를 사용할 것이다.

호의, 친절 ● favor

호텔 ● hotel

혹은 ● or

Do you want to return or stay here?

당신은 돌아가기를 원하는가, 혹은 여기서 머물기를 원하는가?

화난, 성난 ● angry

화요일 ● Tuesday

확실한, 물론 ● sure

I'm sure you'll do better this time.

나는 당신이 이번엔 좀더 잘할 것이라고 확신한다.

환영하다, 환영 ● welcome

후에 ● after

I listen to the radio after dinner.

저녁 식사 후에 나는 라디오를 듣는다.

After school I come home with Susan.

학교가 끝나면 나는 수잔과 함께 집에 온다.

훌륭한 ● great, wonderful

휴일 ● holiday

흐린 ● cloudy

흰색의 ● white